Hacer conexiones:
el texto y yo / el texto y otros textos / el texto y el mundo

Haces conexiones al leer cuando algo en esa lectura te hace pensar en una cosa parecida. Puede ser algo que **viviste**, otra cosa que **leíste** o algo que **sabes** del mundo que te rodea.

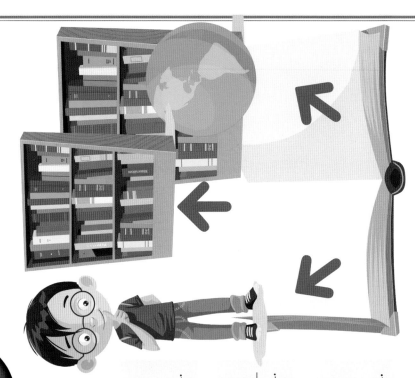

Frases claves para **hacer conexiones**:

_____ me hace pensar en algo que me pasó. Lo que me pasó fue

_____ .

_____ me recuerda algo que leí. Lo que leí fue _____

_____ .

_____ me hace pensar en algo que sé. Lo que sé es que

_____ .

Seguridad meteorológica

La meteorología nos dice cómo están las condiciones atmosféricas, o lo que es lo mismo, el estado del tiempo afuera. El tiempo puede ser soleado, lluvioso, ventoso o nevoso. En ocasiones, las condiciones del tiempo son peligrosas. Las tormentas eléctricas, los huracanes, los tornados y las ventiscas son diferentes tipos de condiciones atmosféricas peligrosas.

Muchas veces, las condiciones del tiempo pueden causar otros tipos de peligros, como inundaciones e incendios. ¡Aquí te mostramos cómo mantenerte a salvo ante condiciones atmosféricas peligrosas!

electricidad

granizo

Tormenta eléctrica

Las tormentas eléctricas traen rayos y truenos. El rayo es un destello que produce la **electricidad** que hay en la atmósfera. El trueno es el sonido que hace el rayo. Algunas tormentas eléctricas producen granizo, o trozos de hielo que caen del cielo.

¡Mantente a salvo!

Quédate adentro durante una tormenta eléctrica. Si estás afuera, deja lo que estés haciendo y busca un refugio seguro, como un edificio o un carro. Si no encuentras refugio cerca, ve a la parte más baja del terreno donde te encuentres. Mantente alejado de los árboles y el agua.

Huracán

Un huracán es una poderosa tormenta de lluvia con viento muy fuerte. Los huracanes se forman sobre el océano y pueden causar olas enormes. El viento del huracán gira en círculos. El estado del tiempo en el medio del círculo es tranquilo. A ese sector se le conoce como el "ojo" de la tormenta.

¡Mantente a salvo!

Quédate adentro durante un huracán. Mantente alejado de ventanas y puertas de vidrio. Los fuertes vientos pueden hacer volar las cosas afuera. Si es demasiado peligroso, es posible que debas abandonar tu casa e ir a un lugar más seguro.

embudo

Tornado

El tornado es aire que gira rápidamente y tiene la forma de un **embudo**. El embudo se extiende desde una nube oscura en el cielo hasta el suelo. Un tornado puede girar a una velocidad de hasta 300 millas por hora (mph). El tornado es muy ruidoso y retumba o ruge como un tren de carga.

¡Mantente a salvo!

Si hay un tornado cerca de tu casa, refúgiate en el sótano o en el nivel más bajo de tu casa o edificio. Mantente alejado de ventanas y puertas. Quédate debajo de algo resistente, como una mesa grande y pesada. Cúbrete la cabeza.

Tormentas de arena y polvo

¡Las tormentas de arena y de polvo son muy peligrosas! Estas tormentas ocurren cuando sopla un viento fuerte y levanta nubes de arena y polvo del terreno seco.

Los camellos tienen pestañas largas que protegen sus ojos de la arena. Sus fosas nasales se cierran durante una tormenta de polvo.

fosas nasales

pestañas

Desierto de Gobi, China

Beijing

China

En 2006, una gran tormenta de arena en el desierto de Gobi sopló toneladas de arena hasta Beijing, China. ¡A más de 1000 millas de distancia!

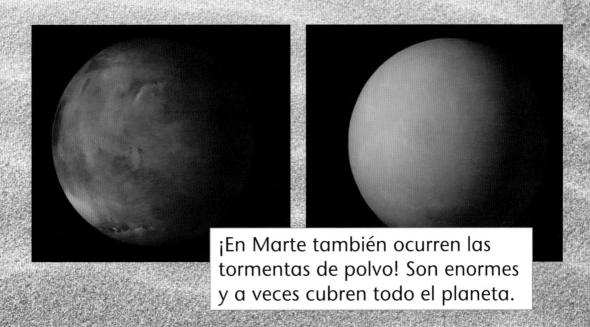

¡En Marte también ocurren las tormentas de polvo! Son enormes y a veces cubren todo el planeta.

Ventisca

La ventisca es una tormenta que trae viento fuerte y mucha nieve. El viento sopla la nieve con tanta fuerza que no puedes ver lo que hay frente a ti. La nieve de una ventisca se acumula en carreteras y pasos peatonales, lo que hace que sea difícil y peligroso caminar y conducir un automóvil.

¡Mantente a salvo!

Durante una ventisca, quédate adentro hasta que pare la tormenta. Usa ropa abrigada y come regularmente para mantener tu cuerpo caliente. Si tienes que salir, usa gorro y mitones. Camina con cuidado para no resbalar en el hielo.

Mucha gente usa **sacos de arena** para mantener sus hogares a salvo durante las inundaciones. Hacen una pared con sacos de arena para evitar que el agua penetre en las casas.

pared de sacos de arena

se desborda

se deshiela

Inundación

Una inundación ocurre cuando el agua de ríos, arroyos u océanos **se desborda** y entra en tierra firme. Demasiada lluvia de una tormenta puede hacer que los ríos y arroyos se desborden. La nieve que se derrite también puede hacer que los ríos y arroyos se desborden. Las grandes olas del océano durante un huracán pueden causar inundaciones a lo largo de la costa.

¡Mantente a salvo!

Si hay peligro de inundación cerca, quédate adentro. Sube al piso más alto de tu casa o edificio. Si es demasiado peligroso, tal vez debas abandonar tu casa e ir a un lugar más seguro.

Curiosidades

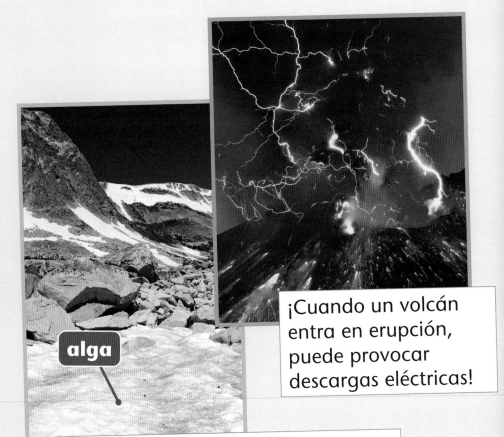

alga

¡Cuando un volcán entra en erupción, puede provocar descargas eléctricas!

Cuando el sol comienza a derretir la nieve en las montañas, hace que en ella crezca un tipo de **alga** ¡que pone la nieve de color rosa!

Las lombrices salen del suelo antes de una inundación. Cuando el suelo está demasiado húmedo, las lombrices no pueden obtener oxígeno. ¡Salen para poder respirar!

¡El calor extremo puede hacer que los rieles del tren se doblen!

Incendio forestal

El incendio forestal es el incendio de un bosque, pastizal u terreno seco. Los rayos pueden causar incendios forestales. Las personas también pueden causar incendios forestales. Los incendios forestales pueden extenderse rápidamente y son extremadamente peligrosos.

¡Mantente a salvo!

Si hay un incendio forestal cerca de tu casa y es seguro salir, busca refugio en otro lugar. Protege tu casa antes de irte: llena los fregaderos, lavamanos y bañeras con agua, si tienes tiempo. Cierra las puertas y ventanas.

Las condiciones del tiempo a veces pueden ser peligrosas. Es importante estar preparados. Los trabajadores de emergencias usan sirenas y alarmas para advertir a las personas sobre el peligro. También colocan letreros que indican a la gente a dónde ir y qué hacer.

suministros

Aprende sobre el tipo de emergencias meteorológicas que pueden ocurrir donde vives. Haz un plan sobre qué hacer en cada caso y busca los **suministros** que necesitarás. Si sabes qué hacer cuando las condiciones del tiempo son peligrosas, ¡tú y tu familia podrán mantenerse a salvo!

Después de la tormenta

Algunas tormentas pueden hacer que no haya electricidad en tu casa. ¡Prepárate! Arma un kit de suministros para emergencias y guárdalo en un lugar seguro.

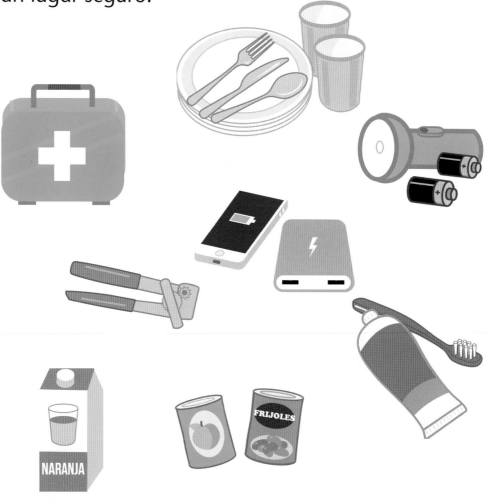

Estas son algunas de las cosas que puedes necesitar:

- ⊘ botiquín de primeros auxilios
- ⊘ agua
- ⊘ comida que no se echa a perder
- ⊘ abrelatas
- ⊘ linternas con baterías adicionales
- ⊘ teléfono celular con cargador de batería

- ⊘ libros
- ⊘ mantas
- ⊘ ropa
- ⊘ pasta y cepillo de dientes
- ⊘ jabón
- ⊘ platos, tazas y cubiertos

¿Qué otra cosa podría necesitar tu familia?

alga planta que no tiene hojas, tallos ni raíces

saco de arena bolsa llena de arena que se usa para bloquear el paso del agua

electricidad flujo de energía

se desborda lo que pasa con un líquido que se sale de donde está contenido

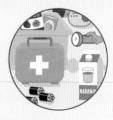

embudo forma que es ancha en la parte superior y estrecha en la parte inferior

suministros cosas que se necesitan para llevar a cabo una tarea

Photography and Art Credits

All images © by Vista Higher Learning unless otherwise noted.

Cover: Minerva Studio/Shutterstock.

4: (t) Joe Belanger/Shutterstock; (l) Minerva Studio/Shutterstock; (mr) Drew McArthur/Shutterstock; (br) Justoomm/Shutterstock; **5:** (t) Leah-Anne Thompson/Shutterstock; (b) Patrick Orton/Getty Images; **6:** Joe Belanger/Shutterstock; Suzanne Tucker/Shutterstock; **8:** Drew McArthur/Shutterstock; Mike Mareen/Shutterstock; **10:** Minerva Studio/Shutterstock; **12-13:** Camcp/Shutterstock; **12:** (t) John D Sirlin/Shutterstock; (b) Andre Klaassen/Shutterstock; **13:** Courtesy of NASA; **14:** Justoomm/Shutterstock; **15:** Sedan504/Shutterstock; **16:** (tl) Leah-Anne Thompson/Shutterstock; (tr) Greg Vote/Getty Images; (bl) Dereje/Shutterstock; (br) Arthur Villator/Shutterstock; **18-19:** Mike Lyvers/Getty Images; **18:** Nina B/Shutterstock; **19:** (t) Steve Jones/123RF; (b) Leninphoto/Shutterstock; **20:** (t) Nic Leister/Getty Images; (m) Patrick Orton/Getty Images; (b) Day Of Victory Studio/Shutterstock; **22:** (tl) Image Source/Getty Images; (ml) Peryn22/Shutterstock; (bl) Alena Charykova/Shutterstock; (r) J.J. Gouin/Shutterstock; **24-25:** Bur_malin/Shutterstock; **26:** (tl) Nina B/Shutterstock; (tr) Leah-Anne Thompson/Shutterstock;(ml) Joe Belanger/Shutterstock; (mr) Greg Vote/Getty Images.

© 2023, Vista Higher Learning, Inc.
500 Boylston Street, Suite 620
Boston, MA 02116-3736
www.vistahigherlearning.com
www.loqueleo.com/us

Dirección Creativa: José A. Blanco
Vicedirector Ejecutivo y Gerente General, K–12: Vincent Grosso
Desarrollo Editorial: Salwa Lacayo, Lisset López, Isabel C. Mendoza
Diseño: Ilana Aguirre, Radoslav Mateev, Gabriel Noreña, Verónica Suescún, Andrés Vanegas, Manuela Zapata
Coordinación del proyecto: Karys Acosta, Tiffany Kayes
Derechos: Jorgensen Fernandez, Annie Pickert Fuller, Kristine Janssens
Producción: Esteban Correa, Oscar Díez, Sebastián Díez, Andrés Escobar, Adriana Jaramillo, Daniel Lopera, Juliana Molina, Daniela Peláez, Jimena Pérez

Seguridad meteorológica
ISBN: 978-1-54338-633-2

Printed in the United States of America

1 2 3 4 5 6 7 8 9 AP 28 27 26 25 24 23